BEI GRIN MACHT SICH IHR WISSEN BEZAHLT

- Wir veröffentlichen Ihre Hausarbeit, Bachelor- und Masterarbeit

- Ihr eigenes eBook und Buch - weltweit in allen wichtigen Shops

- Verdienen Sie an jedem Verkauf

Jetzt bei www.GRIN.com hochladen und kostenlos publizieren

GRIN

Bibliografische Information der Deutschen Nationalbibliothek:

Die Deutsche Bibliothek verzeichnet diese Publikation in der Deutschen National-
bibliografie; detaillierte bibliografische Daten sind im Internet über http://dnb.d-
nb.de/ abrufbar.

Impressum:

Copyright © 2019 GRIN Verlag
Druck und Bindung: Books on Demand GmbH, Norderstedt Germany
ISBN: 9783346006394

Dieses Buch bei GRIN:

https://www.grin.com/document/496035

Thomas Lambach

Wie können Nachhaltigkeit und digitale Transformation in Unternehmen verbunden werden?

GRIN Verlag

GRIN - Your knowledge has value

Der GRIN Verlag publiziert seit 1998 wissenschaftliche Arbeiten von Studenten, Hochschullehrern und anderen Akademikern als eBook und gedrucktes Buch. Die Verlagswebsite www.grin.com ist die ideale Plattform zur Veröffentlichung von Hausarbeiten, Abschlussarbeiten, wissenschaftlichen Aufsätzen, Dissertationen und Fachbüchern.

Besuchen Sie uns im Internet:

http://www.grin.com/

http://www.facebook.com/grincom

http://www.twitter.com/grin_com

Thomas Lambach

Assignment

Thema:

Nachhaltigkeit und digitale Transformation

Hamburg, 26.06.2019

Inhaltsverzeichnis

II. Abbildungsverzeichnis

III. Abkürzungsverzeichnis

BMW	Bayerische Motoren Werke
Z.B.	zum Beispiel
CO_2	Kohlendioxid
CIO	Chief Information Officer
CTO	Chief Technical Officer
O.S.	ohne Seite
O.G.	oben genannten
U.a.	unter anderem
Vgl.	Vergleich

1. Nachhaltigkeit im digitalen Zeitalter

1.1 Einführung und Aktualität der Thematik

Die Titelausgabe des im Mai 2017 erschienenen The Economist lautete: *„The world's most valuable resource. Data and the new rules of competition".* (The Economist, 2017) Digitalisierung, digitale Transformation und Nachhaltigkeit haben sich in den letzten Jahren zu sogenannten Megatrends entwickelt. „Daten sind der Rohstoff der Zukunft." (Merkel, 2015)

Ob in der Automobil-, Medien- oder Musikindustrie, die digitale Transformation ist im vollen Gange. Aktuelle Managerbefragungen zeigen, dass die digitale Transformation in den Unternehmen angekommen und für viele Unternehmen von existentieller Bedeutung ist (vgl. Rigby und Bilodeau, 2018, S. 8-9).

Spätestens mit der Verabschiedung der Deutschen Nachhaltigkeitsstrategie im Jahr 2002 (vgl. Bundesregierung, Deutsche Nachhaltigkeitsstrategie, 2002 und 2018) ist dieses Thema endgültig auch in der Wirtschaft angekommen. Die hohe Geschwindigkeit und die Dynamik der Digitalisierung stellen für die Unternehmen in Kombination mit einer nachhaltigen Unternehmenspolitik eine besondere Herausforderung dar. Nachhaltigkeit ist zu einem Erfolgsfaktor in der Wirtschaft geworden und alternativlos, denn neue, digitale Geschäftsmodelle sind ohne Berücksichtigung der endlichen biotischen und abiotischen Ressourcen zum Scheitern verurteilt.

1.2 Problemstellung und Ziele dieser Arbeit

Das Ziel der vorliegenden Ausarbeitung ist es, den Einfluss der digitalen Transformation aus dem Blickwinkel der Nachhaltigkeit zu erklären. Daher wird anhand zweier Praxisbeispiele (BMW und Henkel) aufgezeigt, wie Unternehmen in Zukunft Nachhaltigkeit und die digitale Transformation verbinden können. Des Weiteren soll geklärt werden, ob es bereits eine digitale Nachhaltigkeit in Unternehmen gibt.

1.3 Vorgehensweise und Abgrenzungen

Auf Basis der erklärten Begrifflichkeiten werden an ausgewählten Praxisbeispielen von BMW und Henkel verschiedene Ansatzpunkte eines möglichen digitalen Geschäftsmodell erläutert. Dabei wird darauf verzichtet, die beiden Unternehmen vorzustellen. Die digitale Transformation geht mit derart weitreichenden organisatorischen und

strategischen Veränderungen einher, dass nicht alle Aspekte oder Modelle dargestellt werden können. Des Weiteren wird nicht explizit auf die gesetzlichen und regulatorischen Aspekte der Digitalisierung eingegangen. Die hohe Geschwindigkeit der digitalen Transformation selbst hat Auswirkungen auf die Nachhaltigkeit in Form des Ressourcenabbaus (z.B. Seltene Erden). Diese werden gleichfalls nicht umfassend berücksichtigt. Industrie 4.0 und Internet der Dinge werden ebenfalls aus Platzgründen nicht erläutert. Sämtliche Digitalisierungsaspekte (vgl. Kofler, 2018, S. 6) im Kontext der Nachhaltigkeit zu sehen würde den Rahmen dieser Arbeit sprengen.

1.4 Aufbau der Arbeit

In der Einleitung wird auf die Aktualität des Themas, die Vorgehensweise und die Ziele der Arbeit eingegangen. Über die Definition der Problemstellung und Zielsetzungen werden im anschließenden Kapitel die notwendigen theoretischen Grundlagen geschaffen. Dabei werden zuerst die zentralen Begriffe Nachhaltigkeit und Big Data erläutert und dann die Begrifflichkeiten Digitalisierung und digitale Transformation voneinander abgegrenzt. Im Anschluss wird im Kapitel 3, anhand der beiden Beispiele, der Einfluss der digitalen Transformation aus der Perspektive der Nachhaltigkeit beschrieben. Im abschließenden Teil kommt es zu einer kurzen Zusammenfassung aller relevanten Aspekte, einer kritischen Würdigung und einem Ausblick auf weiteren Handlungsbedarf.

2. Theoretische Grundlagen

2.1 Nachhaltigkeit

Als Meilenstein der heutigen Diskussion über Nachhaltigkeit gilt seit 1972 die Studie des Club of Rome „ Grenzen des Wachstums" (vgl. Meadows et al. 1972). Der heute gängige Begriff Nachhaltigkeit wurde durch die Brundtland-Kommission im Jahr 1987 geprägt. *„Sustainable development is development that meets the needs of the present without compromising the ability of future generations to meet their own* *needs."* (Brundtland Report, 1987, S. 43) Dabei beruht die Nachhaltigkeit auf einer Methodik, die aus den drei Dimensionen Ökonomie, Ökologie und Soziales besteht, die gleichwertig nebeneinanderstehen (vgl. Pretzel, 2019, S. 709) und in Deutschland als Drei-Säulen-Modell bekannt ist. In vielen Branchen herrschte bisher der ökonomische Aspekt vor. Die Globalisierung und Begrenzung der verfügbaren Rohstoff-Ressourcen führt jedoch zu einer gesteigerten Aufmerksamkeit bei den unternehmerisch, gesellschaftlich und politisch Verantwortlichen. Daher wird der ökologische Einfluss der Digitalisierung auf die Umwelt in Form von Schadstoffen oder Energieverbrauch schon seit mehreren Jahren erforscht (vgl. Eder, 209, S. 145-147). In der aktuellen Diskussion um *„Green Digitization"* steht der ökologische Einfluss viel stärker im Fokus als in der Vergangenheit (z.B. Stromproduktion/Stromverbrauch). Die Bedeutung des sozialen Gesichtspunktes orientiert sich an der Datensicherheit bzw. dem Datenmissbrauch, wie das Beispiel Facebook zeigt (vgl. Spiegel online, 2019, o. S.). Daneben bezieht sich Nachhaltigkeit immer mehr auf soziale Fairness und die Beziehungen zwischen den Produzenten und Konsumenten (vgl. Matuszek, 2007, S. 63). Mittlerweile gilt Nachhaltigkeit als Megatrend (vgl. Keller und Plöger, 2016, S. 62) und von einer Vielzahl der Unternehmen werden die Vorteile erkannt (z.B. Image-steigerung) und verstärkt in der Unternehmensstrategie verankert. Grundsätzlich werden drei verschiedene Strategieansätze unterschieden:

Effizienzstrategie: „Die Effizienzstrategie setzt ökologisch gesehen auf einen schonenden Umgang mit natürlichen Ressourcen [...]." (Friege, 2018, S. 20)

Konsistenzstrategie: Die Definition „Konsistenz bedeutet im Rahmen der Nachhaltigkeit die Vereinbarkeit von Natur und Technik (vgl. ebd. 2018, S. 21).

Suffiziensstrategie: „Unter Suffizienz verstehen wir die Änderungen in Konsummustern, die helfen, innerhalb der ökologischen Tragfähigkeit der Erde zu bleiben, wobei sich Nutzenaspekte des Konsums ändern." (Fischer und Grießhammer, 2013, S. 10)

Die Beachtung der Umwelt durch einen ressourcenschonenden Umgang mit den vorhandenen Rohstoffen ist die Herausforderung der heutigen Ökonomie.

2.2 Big Data

Obwohl auch der Begriff Big Data einen Megatrend kennzeichnet, existiert keine durchgängige Definition (vgl. Bachmann et al. 2014, S. 17). Einerseits ist damit die Kombination von großen Datenvolumina gemeint, andererseits geht es darum derartige große Datenmengen zu speichern, auszuwerten und zu verwenden (vgl. Media Planet – B2B Ratgeber 2016, o. S.). Um als Big Data bezeichnet zu werden, sind bestimmte Voraussetzungen zu erfüllen. Dahinter verbergen sich die sogenannten 5 Vs:

Volume (Datenvolumen)	Velocity (Geschwindigkeit)	Variety (Datenvielfalt)	Value (Untern. Mehrwert)	Validity/Veracity (Widerspruchsfreiheit/Vertrauenswürdigkeit)

Abbildung 1: 5Vs (vgl. Bachmann et al. 2014, S. 24-26; Winkelhake, 2017, S. 52-53)

Die großen Datenmengen sind gekennzeichnet durch eine hohe Komplexität und Kurzlebigkeit. Die Übertragungsgeschwindigkeit geschieht nahezu in Echtzeit. Weiterhin sind die Daten oftmals wenig strukturiert. Es wird in Zukunft entscheidend darauf ankommen, diese unstrukturierten Daten zielgerichtet in Datenanalysen einzubringen. Über Social-Media-Aktivitäten erhalten Unternehmen ständig neue Informationen über Wünsche und Verhaltensweisen ihrer Kunden. Diese werden zur Weiter- oder Neuentwicklung von Produkten oder Dienstleistungen genutzt. Es kann daher von einem Kreislauf gesprochen werden, der ein exponentiell ansteigendes Volumen an Daten hervorbringt (vgl. Bachmann et al. 2014, S. 37). Allein im Zeitraum von 2014-2024 wird das Datenvolumen um das 50-fache ansteigen (vgl. Vieweg, 2018, S. 133). Dennoch ist der wirtschaftliche Nutzen von Big Data mittlerweile durch Studien bewiesen und nicht mehr wegzudiskutieren (vgl. Gadatsch und Landrock, 2017, S.3).

2.3 Digitalisierung

In der Literatur findet sich auch für den Begriff Digitalisierung kein einheitliches Verständnis. Vielmehr wird in eine engere und eine weitergehende Definition unterschieden. Im engeren Sinne bedeutet Digitalisierung die Transformation von analogen Daten in ein digitales Format (vgl. Hess, 2019, o. S.). Die Vorteile liegen u.a. in einer schnelleren Verfügbarkeit und weniger Speicherbedarf der Daten. Des Weiteren wird mit Digitalisierung die Übertragung von Aufgaben auf den Computer und damit eine Art Automatisierung mit Hilfe der IT-Technologie verstanden (ebd. 2019, o. S.). In einer

4

weiter gefassten Form beschreibt Digitalisierung die Veränderung der Gesellschaft, die mit der Transformation von Daten entsteht (vgl. Luber und Litzel, 2017. o. S.). Dieser Prozess wird auch digitaler Wandel genannt. Die höhere und schnellere Datenverfüg-

barkeit hat daher Einfluss auf die Schnittstellen zu den Kunden. Die Vernetzung mit den Kunden bietet die Chance auf Kundenreklamationen schneller zu reagieren. Des Weiteren führt die Digitalisierung und die Entstehung neuer Geschäftsmodelle auch zu der Bildung ganz neuer Abteilungen, die von CTOs (Chief Technical Officers) oder CTIs (Chief Information Officers) geführt werden.

2.4 Digitale Transformation – Definitionen und Dimensionen

„Die Ursprünge des Begriffs der Digitalen Transformation sind unklar." (Nicolai und Schuster, 2018, S. 16) Sie begann in den 90er Jahren und nahm danach eine exponentielle Entwicklung an (vgl. Bubolz, 2016, S. 16; Nicolai und Schuster, 2018, S. 16). Im Allgemeinen wird darunter die Transformation der Unternehmen durch die Umsetzung der technologischen Potenziale verstanden. Darunter versteht man die grundlegende Veränderung bzw. den Wandel von alten zu neuartigen Geschäfts-modellen (vgl. Nicolai und Schuster, 2018, S. 16). Die gesamte Wertschöpfungskette kann optimiert werden (vgl. Baumöl, 2016, S. 231). Eine weitere Definition lautet: *„Major digital transformation initiatives are centered on **re-envisioning customer experience, operational processes and business modells** [hervorgehoben im Original]."* (Westermann et al. 2011. S. 5) Digitale Transformationen und neue Techno-logien verändern die Unternehmen. In diesem Kontext wird oft von den sogenannten „SMAC-Technologien" gesprochen. Darunter werden *social-, mobile-, analytics-* und *cloud* Technologien verstanden. *Social* bezieht sich dabei auf die sozialen Medien (z.B. Twitter). Das schafft für Unternehmen die Möglichkeit mit Kunden in Kontakt zu treten und deren Nutzungsverhalten zu antizipieren. *Mobile* bezieht sich auf die Nutzung von Smartphones, Tablets oder Laptops. Darauf installierte Apps beeinflussen das Einkaufsverhalten der Benutzer. *Analytics* bezeichnet Software-pakete, die Daten sortieren, analysieren und speichern. *Cloud* meint Plattformen auf denen Speicher- und Rechnerkapazitäten zur Verfügung gestellt werden (vgl. Bubolz, 2016, S. 18-19; Nicolai und Schuster, 2018, S. 16). Neben den „ SMAC Technologien"

haben sich vier wesentliche Handlungsfelder der digitalen Transformation herausgebildet:

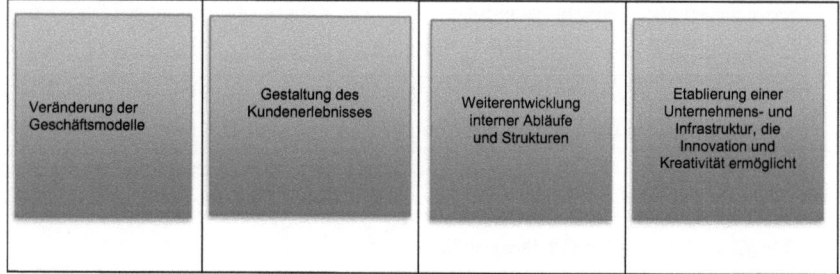

Abbildung 2: 4 Handlungsfelder der digitalen Transformation (vgl. Kofler, 2018, S. 1)

3. Ansätze für digitale Nachhaltigkeit im Unternehmen

3.1 Nachhaltigkeitsstrategie bei BMW

Der Vorstand der BMW Group leitet das Unternehmen mit dem Ziel einer nachhaltigen
Wertschöpfung. Seit dem Jahr 2007 ist die Fachabteilung Nachhaltigkeit und Umwelt-
schutz dem Bereich Konzernplanung und Produktstrategie angesiedelt, die dem Vor-
standsvorsitzenden untersteht. Zu deren Aufgaben gehören die Identifizierung von
Herausforderungen und Chancen des nachhaltigen Wachstums oder die Entwicklung
und Überwachung von Nachhaltigkeitszielen (vgl. BMW Sustainable Value Report,
2017, S. 12). Nachhaltigkeit wird bei BMW als zentrales Element für wirtschaftliche
und soziale Prosperität angesehen. Im Jahr 2012 hat sich BMW 10 strategische Nachhaltigkeitsziele gesetzt, die bis zum Jahr 2020 erreicht werden sollen.

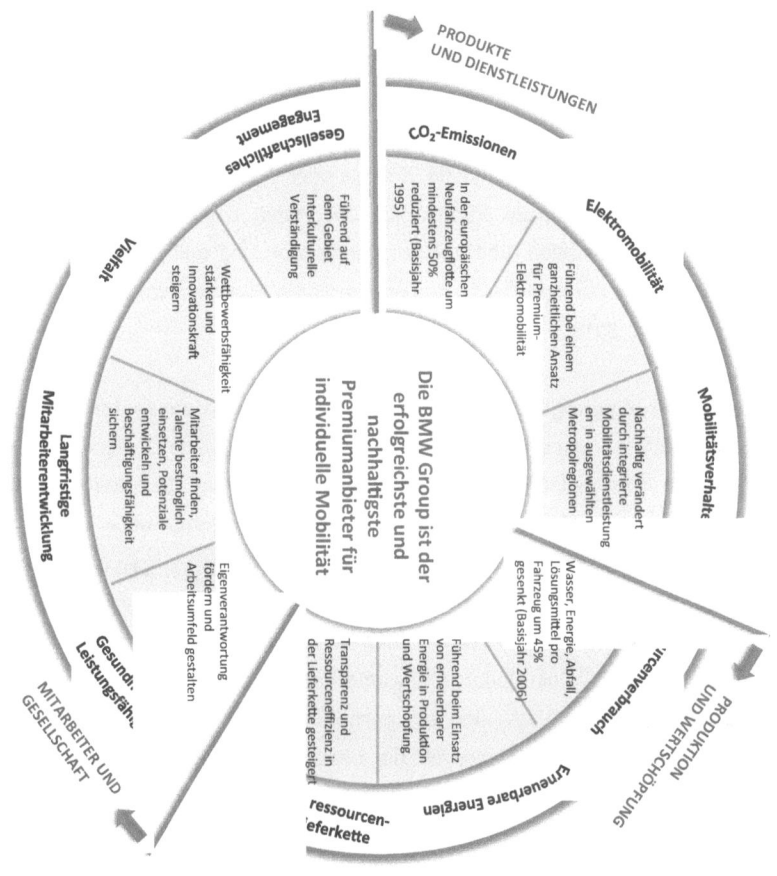

Abbildung 3: Nachhaltigkeitsziele BMW (BMW Sustainable Value Report, 2017, S. 15)

Im eingesetzten Nachhaltigkeitsboard wird die langfristige Ausrichtung auf nachhaltig-keitsspezifische Handlungsfelder festgelegt. Das Board überprüft jährlich die Fort-schritte der Gruppe in Bezug auf ökologische, ökonomische und soziale Dimensionen. Zu den ökologischen Innovationen, die zu der Reduktion der CO_2-Emission beitragen (vgl. Kapitel 3.3) zählt die BMW i-Reihe. Diese kann Daten und Fakten vorlegen, die sehr viel umweltschonender und nachhaltiger sind, als bei herkömmlichen Fahrzeugen (vgl. Zinser, 2016, S. 72-73). Wenn über Nachhaltigkeit nachgedacht wird, dann spielen Ressourcen wie Rohstoffe, Energie oder Wasser eine elementare Rolle. Dabei liegen die ökonomischen Vorteile auf der Hand, denn der ressourcenschonende Einsatz von Rohstoffen führt zur Kostenreduktion und mehr Wirtschaftlichkeit. BMW setzt in Europa nur noch Strom aus erneuerbaren Energien ein (vgl. BMW Sustainable Value Report, 2018, S. 5).

3.2 Gestaltungsmöglichkeiten eines digitalen Produktionssystems bei BMW

In den BMW Werken sind über 50.000 miteinander vernetzte Computer im Einsatz, die mit einem gängigen ERP Produktionssystem laufen (vgl. Dunckern, 2017, S. 101). BMW versteht unter einem Produktionssystem die Kombination aus Technologie, Organisation und Mensch (ebd. 2017, S. 102). Die Auswirkungen der digitalen Trans-formation lässt sich in drei Kategorien einteilen:

Fahrzeuge: Diese sind bereits im hohen Maße digitalisiert (z.B. Navigationssoftware), erhalten regelmäßig ein Update und werden weiter ausgebaut (z.B. Parkplatzsuche).

Partnernetzwerke: BMW führt ein integriertes Partnermanagement für die Supply Chain durch. Just-in-Sequence sei nur beispielhaft erwähnt. Darunter versteht man, dass die Bauteile termingerecht und in der richtigen Reihenfolge (engl. sequence) angeliefert werden.

Wertschöpfungskette: Die Digitalisierung führt zu Prozessverbesserrungen durch den Einsatz neuester Soft- und Hardware. Dies beinhaltet auch implizit die Ver-besserung der Effizienz und Qualität (z.B. Fernwartung).

Vier Potenzialfelder der Digitalisierung haben sich bei BMW herausgebildet (vgl. ebd. 2017, S. 103-112):

Data and Analytics

Hierbei handelt es sich um die intelligente Nutzung von Big Data. Wie in dem von Ph. Crosby entwickelten Modell sollen Fehler bereits vor dem Eintritt erkannt und vermieden werden. Dafür hat BMW eine eigene Platform entwickelt, die sog. BMW-Intranet-of-Things-Plattform. Unterstützt wird das System durch Apps, Smart Watches usw. Darüber hinaus können zukünftige Produktionssysteme durch die Kombination der realen mit der virtuellen Welt aus bestehenden Ist-Prozessen antizipiert und weiterentwickelt werden. Dadurch lassen sich neue Logistiksysteme in existierende Systeme integrieren.

Smart Logistics

Dieses System verbindet die komplette Supply Chain miteinander, sodass der aktuelle Status immer abrufbar ist. Durch ein kontinuierliches Tracking der Warenströme können in real- time Entscheidungen ad-hoc getroffen werden. Lieferengpässe können damit minimiert werden. Ein von BMW entwickeltes Transportsystem *„Smart Transport Robot"* transportiert ohne Induktionsschleifen im Boden eigenständig Bauteile durch die Hallen. Dabei wird umweltschonend auf gebrauchte Batterien aus dem BMW i3 zurückgegriffen (vgl. automobil-produktion, 2019, o. S.).

Innovative Automation

Durch den Einsatz von Leichtbaurobotern lässt sich die Arbeitswelt weiter humanisieren und in Bezug auf Arbeits- und Gesundheitsschutz eine deutliche Verbesserung erzielen. Der Einsatz von kontextsensitiven Hilfsmitteln, wie der *Smart Watch,* unterstützt die Mitarbeiter (innen) zunehmend in der Produktion. Durch einen Signalton wird die Information übertragen, dass das nächste Fahrzeug einen speziellen Fertigungsschritt erfährt.

Additive Manufacturing

BMW nutzt bereits die innovative Technologie des 3D-Drucks. Darunter versteht man eine Reihe additiver Fertigungstechnologien. Beim 3D-Druck wird ein Gegenstand Schicht für Schicht aufgebaut. Ob sich der 3D-Druck auch bei größeren Bauteilen durchsetzen wird bleibt abzuwarten. Im Kleinserienbereich nimmt generell der Einsatz von 3D-Druckern zu (vgl. PwC Studie, 2018, o. S.).

3.3 CO$_2$ Bilanz als Erfolgsfaktor bei BMW

Die CO$_2$ Bilanz eines Unternehmens ist ein guter Indikator für die Gesamtbelastung der Umwelt durch die CO$_2$ Emission. Um die CO$_2$ Emission zu reduzieren, müssen effizientere Prozesse und neue Technologien entwickelt werden. Hierzu zählen u.a. Energieeffizienzmaßnahmen oder der Einsatz von elektrisch betriebenen LKW, denn der

Einfluss der Logistik auf die Umwelt ist erheblich. Die Transportwirtschaft ist für ein Viertel der CO_2 Emission in der EU verantwortlich (vgl. Loebich und Wohlfahrt, 2016, S. 161). Bei der Berechnung stehen Softwareprogramme zur Verfügung, die helfen Energiekennzahlen zu erfassen und auszuwerten. Eine CO_2 Bilanz sollte daher in jedem Unternehmen implementiert werden, das sich ernsthaft mit dem Gedanken der Nachhaltigkeit auseinandersetzt und sollte den gesamten Lebenszyklus (cradle-to-grave Prozess) berücksichtigen (vgl. Bergmann, 2018, S. 43-44). BMW hat eine solche CO_2 Bilanz in seinen Nachhaltigkeitsbericht implementiert (vgl. BMW, Sustainable Value Report, 2018, S. 63). BMW fokussiert sich dabei auf die Reduktion der CO_2 Emission in den Produktionsstätten, da diese 90% der CO_2 Emission ausmachen. Alle Nutzfahrzeuge verlassen die Werke auf dem Schienenverkehrsweg. Innerhalb der Werke werden ausschließlich elektrische und gasbetriebene Lkws eingesetzt (vgl. ebd. 2018, S. 62). Am Ende des Lebenszyklus steht mit dem Prinzip *„Design for Reccycling"* eine Rückführung der Automobileinzelteile in den Materialwirtschafts-kreislauf.

3.4 Projektmanagement bei Henkel

Die Produktinnovationen spielen für die Ressourcenreduzierung eine wesentliche Rolle. Neue, innovative Produkte sollen dazu beitragen, die Umwelt zu schonen und die Effizienz der eingesetzten Ressourcen zu erhöhen. Um diese Nachhaltigkeit zu gewährleisten wird beispielsweise bei Henkel ein sogenannter *„Henkel-Sustainability# Master®* eingesetzt. Dabei handelt es sich um ein Bewertungs- und Visualisierungs-tool mit dem sofort die Vor- und Nachteile eines Produktes oder einer Weiterent-wicklung kenntlich gemacht werden kann (bspw. auf einem IPad). Im Zentrum des *„Henkel-Sustainability#Masters"* steht eine Matrix, die alle Schritte des Lebenszyklus auf der X-Achse abbildet und zum anderen auf sechs Fokusfeldern basiert, die auf der Y-Achse eingetragen werden. Die Fokusfelder sind unterteilt in **Werte** (Leistung, Gesundheit und Sicherheit, gesellschaftlicher und sozialer Fortschritt) und den **ökologischen Fußabdruck** (Materialien und Abfall, Energie und Klima, Wasser und Abwasser).

Fokusfelder Henkel	Bewertung entlang der gesamten Wertschöpfungskette					
Wert	Rohstoff	Produktion	Logistik	Einzelhandel	Anwendung	Entsorgung
Leistung					Bessere Produktleistung	
Gesundheit und Sicherheit						
Gesell./sozialer Fortschritt						
Material/Abfall	Weniger Rohstoffe					
Energie/Klima			Weniger Emissionen			
Wasser/Abwasser					Weniger Wasserbedarf	
Fußabdruck						

Abbildung 4: Henkel-Sustainability#Masters (vgl. Henkel, 2015, o.S.)

Das Ziel ist es ein qualitativ höherwertiges Produkt in Bezug auf das Kriterium **Wert** auf den Markt zu bringen und dabei mindestens einen **ökologischen Fußabdruck** zu reduzieren (vgl. Henkel, 2015, o. S.). Nachhaltigkeit und digitale Transformation verändern gemeinsam die Art und Weise, wie Projektmanagement durchgeführt wird.

3.5 Chancen und Risiken der digitalen Transformation

Bei der Herstellung von Computern, IPhones oder Tabletts werden eine Vielzahl an Rohstoffen (z.B. Platin, Kobalt) verwendet. Bereits im Jahr 2008 wurden für die Produktion der o.g. Geräte 23% der weltweiten Kobaltproduktion verwendet (vgl. Lübberstedt, 2017, S. 331). Der Abbau derartiger Rohstoffe führt seinerseits zu einer zusätzlichen Umweltbelastung (z.B. Abwaser, Schlacken). Es kann davon ausgegangen werden, dass der Bedarf aufgrund der Nachfrage weiter steigen wird, sodass die Umweltbelastung weiter zunimmt. Aber nicht nur die Herstellung der Geräte verursacht eine weitere Belastung der Umwelt, denn für den späteren Betrieb wird Strom benötigt. Server und Rechenzentren benötigen weiterhin Strom. Problematisch ist auch der Aspekt „Elektronikschrott". Unsachgemäße Entsorgung führt zur Belastung der Umwelt (z.B. Schwermetalle im Grundwasser). Soziale Aspekte, wie die schlechten Arbeitsbedingungen für die Arbeiter (innen) in den Herstellländern führen zu weiteren Diskussionen in der Öffentlichkeit. Risiken bestehen auch in der Daten-

sicherung und Datenverwendung (Datenmissbrauch). Die Digitalisierung wird Arbeitsplätze vernichten, wenn zunehmend Tätigkeiten automatisiert werden. Bereits heute ist an Flughäfen das elektronische Einchecken ohne Personal ein normaler Vorgang. In Supermärkten kommen immer mehr Kassen mit Selbstscannern ohne Kassierer (innen) zum Einsatz. In beiden Fällen werden Arbeitsplätze abgebaut. Autonom fahrende Fahrzeuge werden Berufsbilder wie Taxi- oder Busfahrer langfristig überflüssig machen.

Chancen der Digitalisierung zeigen sich in der weltweiten Verfügbarkeit der Daten und Technologien, sodass diese zur Fort- und Weiterbildung genutzt werden können (vgl. Neumann, 2017, S. 378). Der Papierbedarf (Stichwort: papierloses Büro) kann drastisch reduziert werden, was die Umwelt schont. Der Stromverbrauch kann mittelfristig über Effiziensteigerungen der Geräte reduziert werden. Hier ist das Einsparungspotenzial noch nicht ausgeschöpft (vgl. Hintemann und Fischer, 2012, S. 3). Die digitale Transformation schafft neue Technologien (z.b. Green IT). Sie kann helfen den Einsatz von Rohstoffen zu minimieren (z.b. Reparaturlackbedarf sinkt bei autonomen Fahren, intelligente Bewässerungsanlagen reduzieren den Wasserverbrauch in der Landwirtschaft) und vernichtet nicht nur Arbeitsplätze, sondern schafft auch neue Berufsbilder durch völlig neuartige Geschäftsmodelle (vgl. Kröhling, 2017, S. 33). Eine stärkere Digitalisierung der Unternehmensprozesse führt zu kosten- und ressourceneffizienteren Arbeitsabläufen. Dies hat Einfluss auf die Preisgestaltung. Marktpreise könnten sinken, wenn durch die digitale Transformation der Produktionsprozesse deren Herstellungskosten sinken (vgl. Rürup und Jung, 2017, S. 10). Die Bevölkerung wird in politische Prozesse eingebunden (z.b. Live Streaming) oder erfährt von Vorkommnissen (z. B. Strache Skandal), sodass die Demokratie davon profitiert.

4. Fazit

4.1 Zusammenfassung und kritische Würdigung

Die digitale Transformation, Digitalisierung und Nachhaltigkeit sind zu Megatrends geworden. Die Vielzahl an Literatur zu jedem einzelnen Stichwort ist mittlerweile unüberschaubar, sodass nur ein Teil gesichtet und analysiert werden konnte. Die Begrifflichkeiten konnten sauber herausgearbeitet werden. Obwohl Digitalisierung und digitale Transformation oft synonym verwendet werden, gibt es eine klare Abgrenzung

beider Begrifflichkeiten. Die digitale Transformation hat Einfluss auf alle Wirtschaftszweige und innerhalb der Organisationen auf sämtliche Kern- und unterstützende Prozesse. Daher konnte auch nur punktuell und ansatzweise auf einzelne Aspekte der digitalen Transformation und Nachhaltigkeit eingegangen werden. Bei der digitalen Transformation geht es um die Weiter- und Neuentwicklung von Geschäftsmodellen und Prozessen (vgl. BMW). Die Beispiele zeigen, dass digitale Transformation und Nachhaltigkeit keine Gegensätze sein müssen. Der Mensch steuert und bestimmt die Handlungsfelder. Die digitale Transformation bietet Chancen und Risiken zugleich (vgl. Kapitel 3.5). Die digitale Transformation wird aber nur erfolgreich sein, wenn die Nachhaltigkeit umfangreich und gleichberechtigt berücksichtigt wird. Nachhaltigkeit ist zu einem entscheidenden Erfolgsfaktor geworden.

4.2 Ausblick

„Die Initialzündung für einen globalen Diskurs über Nachhaltigkeit in der digitalen Welt hat noch nicht stattgefunden." (Spitz, 2017, S. 220) Es geht weniger um die ökonomischen und ökologischen Dimensionen der digitalen Nachhaltigkeit als vielmehr um die Frage einer sozialen und gerechten Gesellschafft (vgl. ebd. 2017, S. 221). Aktuell gibt es weltweit keine einheitliche Zielvorstellung oder Definition zu einer digitalen Nachhaltigkeit. Daher wird ein Digitalisierungsreport benötigt (vgl. Knaut, 2017, S. 54). Der eingangs erwähnte Brundtland-Bericht gibt aber erste Hinweise darauf, wie eine digitale Transformation unter dem Nachhaltigkeitsaspekt aussehen kann. Ein weiterer Ansatz wäre die Implementierung eines Nachhaltigkeitsmanagers. Change Management ist immer auch mit Emotionen, Ängsten und Verunsicherung bei den Beteiligten verbunden. Eine Neuausrichtung der Organisation ist daher eine große Herausforderung für jedes Unternehmen. Ein Nachhaltigkeitsmanager (vgl. KPMG, 2015, o. S.) könnte unterstützen, die Bedenken der Mitarbeiter zu entkräften. Dazu zählt sicherlich auch eine wertschätzende Kommunikation miteinander. Die digitale Transformation wird nur dann erfolgreich sein, wenn die oberste Unternehmensleitung durch eine klare Vision und Mission die Nachhaltigkeit in die Unternehmensstrategie einbindet. Wir müssen unser gesamtes tägliches Handeln und Tun - unter dem Aspekt der ökologischen und sozialen Auswirkungen und Verantwortung - hinterfragen, damit unsere zukünftigen Generationen eine realistische Überlebenschance haben.

IV. Literaturverzeichnis

automobil-produktion (2019): BMW plant Verkauf von Smart Transport Robots.
https://www.automobil-produktion.de/hersteller/wirtschaft/bmw-plant-verkauf-
von-smart-transport-robots-244.html, [09.06.2019]

Bachmann, R., Kemper, G. und Gerzer, T. (2014): Big Data – Fluch oder Segen?
Unternehmen im Spiegel des Wandels. Heidelberg: mitp Verlagsgruppe Hüthig
Jehle Rehm

Baumöl, U. (2016): Die digitale Transformation und die erfolgsorientierte
Unternehmenssteuerung – die Geschichte einer Revolution ? In: Controlling –
Zeitschrift für erfolgsorientierte Unternehmenssteuerung. Vol. 28, No. 4/5,
S. 230-234

Bergmann, U. (2018): Gelebte Nachhaltigkeit am Beispiel Henkel. S. 36-54.
In: Nachhaltige Unternehmensführung in der Digitalisierung. Instrumente-
Erfolgsfaktoren-Praxisbeispiele. Vieweg, S., Müller-Wiegand, M. und Meisner,
H. (Hrsg.). Berlin: Erich Schmidt Verlag

BMW (2017): Sustainability Report. https://www.bmwgroup.com/content/dam/bmw-
group-websites/bmwgroup_com/ir/downloads/de/2017/BMW-Group-
Nachhaltigkeitsbericht-2017--DE.pdf, [29.05.2019]

BMW (2018): Sustainability Report. https://www.bmwgroup.com/content/dam/bmw-
group-websites/bmwgroup_com/responsibility/downloads/de/2019/2019-BMW-
Group-SVR-2018-Deutsch.pdf, [29.05.2019]

Brundtlandt, G. H. (1987): Our Common Future. The World Commission on
Environment and Development. Oxford: Oxford University Press

Bubolz, M. (2016): Digitale Fitness – Wie fit ist Ihre Organisation wirklich? In: Digitalisierung und Transformation in Unternehmen. Strategie und Konzepte, Methoden und Technologien, Praxisbeispiele. Köhler-Schulte, Ch. (Hrsg.) Berlin: KS-Energy-Verlag

Bundesregierung (2002): Deutsche Nachhaltigkeitsstrategie. https://www.bundesregierung.de/breg-de/themen/nachhaltig-keitspolitik/eine-strategie-begleitet-uns/die-deutsche-nachhaltigkeitsstrategie, [09.06.2019]

Bundesregierung (2018): Deutsche Nachhaltigkeitsstrategie. https://www.bundes-regierung.de/breg-de/themen/nachhaltigkeitspolitik/eine-strategie-begleitet-uns/die-deutsche-nachhaltigkeitsstrategie, [09.06.2019]

Dunckern, Ch. (2017): Automobilproduktion im Zeitalter der Digitalisierung. In: CSR und Digitalisierung. Der digitale Wandel als Chance und Herausforderung für Wirtschaft und Gesellschaft. Hildebrandt, A. und Landhäußer, W. (Hrsg.). Berlin: Springer Gabler

Eder, S. W. (2009): Grüne Computer. In: *Wirtschaftsinformatik*, Vol. 51, No. 1, pp. 145-147

Fischer, V. und Grießhammer, R. (2013): Mehr als nur weniger Suffizienz: Begriff, Begründung und Potenziale. Freiburg: Öko-Institut, Working Paper 2/2013

Friege, H. (2018): Ansätze nachhaltigen Handelns in Gesellschaft und Unternehmen. In: Nachhaltige Unternehmensführung in der Digitalisierung. Instrumente-Erfolgsfaktoren-Praxisbeispiele. Vieweg, S., Müller-Wiegand, M. und Meisner, H. (Hrsg.). Berlin: Schmidt Verlag

Gadatsch, A. und Landrock, H. (2017): Big Data für Entscheider. Entwicklung und Umsetzung datengetriebener Geschäftsmodelle. Wiesbaden: Springer Vieweg

Henkel (2015): Spotlight on the Henkel-Sustainability#Master®. https://www.henkel.com/spotlight/2015-04-02-spotlight-on-the-henkel-sustainability-master-418028, [18.06.2019]

Hess, T. (2019): Digitalisierung. Enzyklopädie der Wirtschaftsinformatik. http://www.enzyklopaedie-der-wirtschaftsinformatik.de/lexikon/technologien-methoden/Informatik--Grundlagen/digitalisierung, [08.06.2019]

Hintemann, R. und Fichter, K. (2012): Energieverbrauch und Energiekosten von Servern und Rechenzentren in Deutschland. Aktuelle Trends und Einsparpotenziale bis 2015. https://www.borderstep.de/wp-content/uploads/2014/07/Hintemann-Fichter-Kurzstudie_Rechenzentren_2012.pdf, [08.06.2019]

Keller, Ch., K. und Plöger, W. (2016): Nachhaltigkeit als Megatrend. In: Nachhaltige Unternehmensentwicklung. Herausforderungen für die Unternehmensführung des 21. Jahrhunderts. Thomaschewski, D. und Völker, R. (Hrsg.). Stuttgart: Kohlhammer Verlag

Knaut, A. (2017): Corporate Social Responsibility verpasst die Digitalisierung. In: CSR und Digitalisierung. Der digitale Wandel als Chance und Herausforderung für Wirtschaft und Gesellschaft. Schmidpeter, R. (Hrsg). Berlin: Springer Gabler Verlag

Kofler, Thomas (2018): Das digitale Unternehmen. Systematische Vorgehensweise zur zielgerichteten Digitalisierung. Berlin: Springer Verlag

KPMG (2015): 5 Dinge, die ein Nachhaltigkeitsmanager können muss. https://klar denker.kpmg.de/5-dinge-die-nachhaltigkeitsmanager-koennen-muss/; [19.06.2019]

Kröhling, A. (2017): Digitalisierung – Technik für eine nachhaltige Gesellschaft? In: CSR und Digitalisierung. Der digitale Wandel als Chance und Herausforderung für Wirtschaft und Gesellschaft. Schmidpeter, R. (Hrsg). Berlin: Springer Gabler Verlag

Loebich, M. und Wohlfahrt, M. (2016): Nachhaltigkeit im logistischen System. In: Nachhaltige Unternehmensentwicklung. Herausforderungen für die Unternehmensführung des 21. Jahrhunderts. Thomaschewski, D. und Völker, R. (Hrsg.). Stuttgart: Kohlhammer Verlag

Lübberstedt, N. (2017): Wie Umwelt und Gesellschaft von nachhaltiger Informationstechnologie profitieren. In: CSR und Digitalisierung. Der digitale Wandel als Chance und Herausforderung für Wirtschaft und Gesellschaft. Schmidpeter, R. (Hrsg.). Berlin: Springer Gabler Verlag

Luber, S. und Litzel, S. (2017): Was ist Digitalisierung?
https://www.bigdata-insider.de/was-ist-digitalisierung-a-626489/, [29.06.2019]

Manager Magazin (2019): Erster Elektro-Highway für Lastwagen eröffnet.
https://www.manager-magazin.de/unternehmen/artikel/elektro-autobahn-teststrecke-a5-fuer-lastwagen-mit-oberleitung-eroeffnet-a-1266121.html, [08.06.2019]

Matuszek, G. (2013): Management der Nachhaltigkeit. Wiesbaden: Springer Gabler

Meadows, D., Meadows, D. H., Zahn, E. und Milling, P. (1972): Die Grenzen des Wachstums. Bericht des Club of Rome zur Lage der Menschheit. Stuttgart: Deutsche Verlags-Anstalt

Merkel (2015): Daten sind der Rohstoff der Zukunft.
https://www.tagesspiegel.de/wirtschaft/digitalisierung-der-wirtschaft-merkel-daten-sind-der-rohstoff-der-zukunft/12312978.html; [29.05.2019]

Media Planet – B2B Ratgeber (2016): https://www.business2business.at/it-e-commerce/grosse-datenmengen-zu-unternehmerischen-chancen, [18.06.2019]

Müller, A. (2016): Die digitale Revolution nimmt Fahrt auf. In: Digitalisierung und Transformation in Unternehmen. Strategie und Konzepte, Methoden und Technologien, Praxisbeispiele. Köhler-Schulte, Ch. (Hrsg.). Berlin: KS-Energy-Verlag

Nicolai, A. T. und Schuster, C. L. (2018): Digitale Transformation. Konzeptionelle Entwicklung und Anschlüsse an die managementwissenschaftliche Debatte. In: *Wirtschaftswissenschaftliches Studium*, Jg. 47, Heft 1, S. 15-21

Neumann, K.-T. (2017): Achtung „Umparker"! Vom Automobilhersteller zum vernetzten Mobilitätsanbieter. In: CSR und Digitalisierung. Der digitale Wandel als Chance und Herausforderung für Wirtschaft und Gesellschaft. Schmidpeter, R. (Hrsg.). Berlin: Springer Gabler Verlag

Plöger, W. und Keller, Ch., K. (2016): Nachhaltigkeit als Megatrend. In: Nachhaltige Unternehmensentwicklung. Herausforderungen für die Unternehmensführung des 21. Jahrhunderts. Thomaschewski, D. und Völker, R. (Hrsg.). Stuttgart: Kohlhammer

Pretzel, K. (2019): Nachhaltig zum Erfolg – Der Babynahrungshersteller Hipp. In: Nachhaltiges Management. Nachhaltigkeit als exzellenten Managementansatz. Englert, M. und Ternès, A. (Hrsg.). Berlin: Springer-Gabler Verlag

PwC (2018): Strategy & Analyse 3D-Druck: Markvolumen für gedruckte Produkte steigt bis 2030 auf 22,6 Milliarden Euro an. https://www.strategyand.pwc.com/de/pressemitteilungen/3d-druck, [14.06.2019]

Rigby, D. und Bilodeau, B. (2018): Management Tools & Trends. https://www.bain.com/contentassets/caa40128a49c4f34800a76eae15828e3/bain_briefmanagement_tools_and_trends.pdf, [18.06.2019]

Rürup, B. und Jung, S. (2017): Digitalisierung: Chancen auf ein neues Wachstum. In: CSR und Digitalisierung. Der digitale Wandel als Chance und Herausforderung für Wirtschaft und Gesellschaft. Schmidpeter, R. (Hrsg.). Berlin: Springer Gabler Verlag

Spiegel online (2019): https://www.spiegel.de/netzwelt/netzpolitik/facebook-soll-milliarden-bussgeld-in-datenskandal-um-cambridge-analytica-drohen-a-1253335.html, [19.06.2019]

Spitz, M. (2017): Daten. Das Öl des 21. Jahrhunderts? Nachhaltigkeit im digitalen Zeitalter. Hamburg: Hoffmann und Campe Verlag

The Economist (2017): The world's most valuable resources. Data and the new rules of competition. https://www.economist.com/printedition/2017-05-06, [29.05.2019]

Vieweg, S. (2018): Informationsgestütze nachhaltige Unternehmensführung in disruptiven Zeiten. In: Nachhaltige Unternehmensführung in der Digitalisierung. Instrumente-Erfolgsfaktoren-Praxisbeispiele. Vieweg, S., Müller-Wiegand, M. und Meisner, H. (Hrsg.). Berlin: Schmidt Verlag

Westermann, G., Calméjane, C., Bonnet, D., Ferraris, P. und McAffee, A. (2011): Digital Transformation: A Road-Map for Billion-Dollar Organizations. In: MIT Center for Digital Business and Capgemini Consulting, pp. 1-68

Winkelhake, U. (2017): Die digitale Transformation der Automobilindustrie. Treiber-Roadmap-Praxis. Berlin: Springer Vieweg

Wohlfahrt, M. und Loebich, M. (2016): Nachhaltigkeit im logistischen System. Nachhaltige Unternehmensentwicklung. Herausforderungen für die Unternehmensführung des 21. Jahrhunderts. (Thomaschewski, D. und Völker, R. (Hrsg.).
Stuttgart: Kohlhammer

Zinser, M. (2016): BMW AG. In: Corporate Governance am Beispiel erfolgreicher
Unternehmenskonzepte. Siegfried, P. (Hrsg.). München: AVM-Akademische
Verlagsgemeinschaft